Amanda de Melo R. Campos
Claudiane Aquino Roesel

O INSTITUTO DA RESPONSABILIDADE CIVIL NO ÂMBITO DO DIREITO DE FAMÍLIA:

a Responsabilidade Civil dos pais por abandono afetivo dos filhos

Amanda de Melo R. Campos
Claudiane Aquino Roesel

O INSTITUTO DA RESPONSABILIDADE CIVIL NO ÂMBITO DO DIREITO DE FAMÍLIA:

a Responsabilidade Civil dos pais por abandono afetivo dos filhos

Del Rey editora

Belo Horizonte
2019

Impresso no Brasil | Printed in Brazil

EDITORA DEL REY LTDA
www.editoradelrey.com.br

Editor: Arnaldo Oliveira

Editor Adjunto: Ricardo A. Malheiros Fiuza

Diagramação: Alfstudio

Revisão: Sirlene Santos Simões

Capa: Renato Serra

EDITORA
Rua dos Goitacazes, 71 – Loja 24A – Centro
Belo Horizonte-MG – CEP 30190-909
Comercial:
Tel.: (31) 3293 8233
vendas@editoradelrey.com.br
Editorial:
editorial@editoradelrey.com.br

Dados Internacionais de Catalogação na Publicação (CIP)

O48d Campos, Amanda de Melo R.

O instituto da responsabilidade civil no âmbito do direito de família: a responsabilidade civil dos pais por abandono afetivo dos filhos / Amanda de Melo R. Campos, Claudiane Aquino Roesel. – Belo Horizonte: Del Rey, 2019.
vi, 64 p. – Inclui bibliografia.

ISBN: 978-85-384-0536-8

1. Direito de família – Brasil 2. Responsabilidade (Direito)
3. Pais e filhos (Direito) I. Campos, Amanda de Melo R. II. Título

CDU(1976) 347.63(81)

Ficha catalográfica elaborada pelo bibliotecário Junio Martins Lourenço CRB 6/3167.

RESUMO

A família, como primeiro contato do ser humano com a vida em sociedade, merece especial atenção do Estado. Seja ela constituída pelos pais e seus filhos, por apenas um dos pais, com outros familiares, ou entre pessoas do mesmo sexo, a família moderna necessita da tutela do Estado, garantindo que seus membros possuam todos os direitos inerentes à pessoa humana, vivendo em um ambiente de respeito mútuo, assegurando que todos possam viver com dignidade, em um ambiente de harmonia. Ela é indispensável para a formação do indivíduo, principalmente no que diz respeito às crianças e aos adolescentes. Uma família estruturada, juntamente com outros grupos, como a escola, pode ser capaz de desenvolver indivíduos que saberão conviver em sociedade, afastando seus membros de problemas como a violência e o uso de drogas. É claro que o Estado não pode intervir totalmente na estrutura da família, limitando as liberdades dos seus membros. Mas é necessário que ela se estruture nos pilares da educação, do respeito e do cuidado, evitando abusos e violações dos direitos inerentes aos seus integrantes. A família atual passa por inúmeras transformações, principalmente com o advento de novos valores, que demandam uma tutela efetiva aos direitos dos seus membros, fundado no respeito e cuidado mútuos. Ao ordenamento jurídico cumpre analisar essas constantes mudanças, objetivando a criação de mecanismos que possam assegurar à família um desenvolvimento digno. A relação entre pais e filhos torna-se cada vez mais carecedora de uma atenção especial do Estado, em razão das particularidades oriundas dessa relação, que antes não eram de fácil visualização. Com o advento do divórcio e da família mono e pluriparental, daquela formada entre pessoas do mesmo sexo, bem como a afetiva, torna-se primordial o estudo desses aspectos, bem como suas implicações na estrutura familiar. Nesse sentido faz-se relevante uma abordagem sobre as repercussões decorrentes, dessas relações entre pais e filhos, em virtude de sua relação cada vez mais complexa. O cabimento de indenização por danos morais, resultante do abandono afetivo dos pais, traz para o Direito de Família a discussão a respeito da aplicação do Instituto da Responsabilidade Civil no âmbito familiar, com a análise das particularidades das famílias, observando-se, primordialmente, o especial cuidado que deve ser dispensado à criança.

Palavras-chaves: Responsabilidade Civil. Direito de Família. Dano Moral. Filhos. Abandono Afetivo. Atuação Estatal

SUMÁRIO

1 INTRODUÇÃO

A obra aborda um tema ainda pouco discutido entre os operadores do Direito, que diz respeito à relação entre pais e filhos, baseada na afetividade, bem como as implicações decorrentes do dano sofrido pelos filhos em razão do abandono afetivo dos pais.

Por se tratar de um assunto polêmico na sociedade atual, faz-se necessário um estudo efetivo para a apuração de mecanismos capazes de verificar a ocorrência, ou não, do dano moral ocasionado em razão do abandono afetivo dos pais, porquanto estes descumpriram o seu dever legal de cuidado.

Para tanto, pretende-se com este estudo averiguar os equívocos no que diz respeito ao afeto nas relações familiares, bem como demonstrar as vantagens dessa nova perspectiva familiar baseada no afeto, bem como na responsabilização necessária àqueles que violam os seus deveres legais.

Os membros da família possuem direitos e obrigações recíprocas, devendo atentar-se, principalmente, nessa convivência, aos princípios da dignidade da pessoa humana, do melhor interesse da criança, do cuidado, entre outros.

As mudanças pelas quais passam as relações familiares apresentam uma série de situações que requerem um estudo minucioso de seus efeitos, tanto nos membros da família, como na sociedade como um todo.

Deve-se ressaltar que ao Estado cumpre assegurar a efetividade dos direitos indispensáveis à manutenção da família, porquanto ela é o pilar da sociedade, aplicando sanções previstas na legislação em caso de violação a uma norma legalmente expressa, devendo ser destacado que, neste caso, as ações indenizatórias são os instrumentos hábeis a garantir o equilíbrio social, em decorrência da punição do agente que pratica o ato ilícito e a vítima que irá ser reparada em decorrência do dano sofrido.

O estudo proposto utilizar-se-á da pesquisa jurisprudencial, bem como bibliográfica, que demonstram com propriedade as questões trazidas, ensejando uma melhor compreensão sobre o tema.

A obra propõe demonstrar que, seja a paternidade/maternidade advinda de vínculos biológicos, legais ou afetivos, ela deve dar-se de forma responsável, garantido uma convivência harmônica entre os integrantes da família, baseada no respeito mútuo, garantindo indivíduos capacitados a conviverem em sociedade, garantindo-lhes todos os direitos legalmente previstos, de forma que possam viver de forma digna.

2
FAMÍLIA

A família, constituída por laços biológicos ou afetivos, é a estrutura primordial da sociedade, devendo, por isso, obter do Estado, de forma irrestrita, proteção e auxílio, essenciais ao desenvolvimento de uma relação familiar digna e igualitária.

2.1 Conceito de família

A família, como primeiro contato do ser humano com a vida em sociedade, merece especial atenção do Estado.

Nos dizeres do professor Caio Mário, "a família, em sentido genérico e biológico, é o conjunto de pessoas que descendem de tronco ancestral comum; em senso estrito, a família se restringe ao grupo formado pelos pais e filhos; e em sentido universal é considerada a célula social por excelência". (PEREIRA, 2010, p.26-34).

Já Paulo Nader discorre como sendo a família "uma instituição social, composta por mais de uma pessoa física, que se irmanam no propósito de desenvolver, entre si, a solidariedade nos planos assistencial e da convivência ou simplesmente descendem uma da outra ou de um tronco comum". (NADER, 2006, p.3).

A Constituição Federal de 1988, em seu artigo 226, §3° e §4°, dispõe acerca da entidade familiar.

> Art. 226. A família, base da sociedade, tem especial proteção do Estado. [....]

> § 3º Para efeito da proteção do Estado, é reconhecida a união estável entre homem e mulher como entidade familiar, devendo a lei facilitar sua conversão em casamento.
>
> § 4º Entende-se, também, como entidade familiar a comunidade formada por qualquer dos pais e seus descendentes. (BRASIL, 2018).

A base estrutural da família é, nas palavras de Rodrigo da Cunha Pereira:

> Uma estruturação psíquica, onde cada um de seus membros ocupa um lugar, uma função. Lugar do pai, lugar da mãe, lugar dos filhos, sem entretanto estarem necessariamente ligados biologicamente. (PEREIRA, 2010, p.24).

Gagliano e Pamplona Filho afirmam que alguns autores se perguntam se seria possível delimitar um conceito único de família, considerando a sua diversidade de significações. Fundamentando suas indagações, apresentam a lição de Caio Mário, que leciona:

> Numa definição sociológica, pode-se dizer que a família compreende uma determinada categoria de "relações sociais reconhecidas e, portanto, institucionais". Dentro deste conceito, a família "não deve necessariamente coincidir com uma definição estritamente jurídica". (*in*, GAGLIANO e FILHO, 2012, p.39).

Sobre a evolução da família, Rodrigo da Cunha Pereira ainda afirma que, "partir do momento em que a família deixou de ser o núcleo econômico e de reprodução para ser o espaço do afeto e do amor, surgiram novas e várias representações sociais para ela". (PEREIRA, 2012, p.39).

Na lição de Paulo Lôbo:

> Sob o ponto de vista do direito, a família é feita de duas estruturas associadas: os vínculos e os grupos. Há três sortes de vínculos, que podem coexistir ou existir separadamente: vínculos de sangue, vínculos de direito e vínculos de afetividade. A partir dos vínculos de família é que se compõem os diversos grupos que a integram: grupo

> conjugal, grupo parental (pais e filhos), grupos secundários (outros parentes e afins). (LÔBO, 2003, p.41).

A família moderna, seja ela constituída pelos pais e seus filhos, por apenas um dos pais, com outros familiares, ou entre pessoas do mesmo sexo, necessita da tutela do Estado, garantindo que seus membros possuam todos os direitos inerentes à pessoa humana, vivendo em um ambiente de respeito mútuo, assegurando que todos possam viver com dignidade, em um ambiente de harmonia.

Ela é indispensável para a formação do indivíduo, principalmente no que diz respeito às crianças e aos adolescentes. Uma família estruturada, juntamente com outros grupos, como a escola, pode ser capaz de desenvolver indivíduos que saberão conviver em sociedade, afastando seus membros de problemas como a violência e o uso de drogas.

É claro que o Estado não pode intervir totalmente na estrutura da família, limitando as liberdades dos seus membros. Mas é necessário que ela se estrutura nos pilares da educação, respeito e cuidado, evitando abusos e violações dos direitos inerentes aos seus integrantes.

2.2 O novo conceito de família com o advento do divórcio

Contemporaneamente, a família é entendida como um núcleo social ligado por laços biológicos e de afetividade, constituído não mais pelo casamento, mas também por uniões estáveis, seja entre homem e mulher ou entre pessoas do mesmo sexo. Os filhos também não são mais somente aqueles nascidos durante o casamento, mas também de relações anteriores, gerados na constância da união estável, assim como os filhos adotivos ou havidos por métodos de reprodução assistida.

A família contemporânea é também constituída pela afetividade, não prevalecendo mais apenas os vínculos sanguíneos.

Na lição de Gagliano e Pamplona Filho:

> Abstraindo as discussões acerca de um modelo inicial único (patriarcal ou matriarcal, monogâmico ou poligâmico), o mais adequado é reconhecer que, na Antiguidade, os grupamentos familiares eram formados, não com base na afetividade (que, como veremos, é o princípio básico do direito de família brasileiro moderno), mas sim na instintiva luta pela sobrevivência (independente de isso gerar, ou não, uma relação de afeto). [...] Em Roma, a família pautava-se numa unidade econômica, política, militar e religiosa, que era comandada sempre por uma figura do sexo masculino, o *pater familias*". [...] Com a decadência do Império Romano e o crescimento do Cristianismo, houve uma gradativa alteração do significado de família. Se a família pagã romana era uma unidade com multiplicidade funcional, a família cristã se consolidou na herança de um modelo patriarcal, concebida como célula básica da igreja (que se confundia com o Estado) e, por conseqüência, da sociedade". [...] "Fundada essencialmente no casamento, que, de situação de fato, foi elevado à condição de sacramento, tal modelo tornou-se hegemônico na sociedade ocidental, passando da Antiguidade para a Idade Média. (GAGLIANO e FILHO, 2012, p.38).

No Brasil, pode-se afirmar que, superada a percepção da família como unidade produtiva e reprodutiva temos, a partir da Constituição Federal de 1988, uma entidade formada também pelo afeto e pela solidariedade, principalmente em decorrência do princípio da dignidade da pessoa humana, conforme dispõe o Art. 266, §7°:

Art. 226. A família, base da sociedade, tem especial proteção do Estado.

> § 7º Fundado nos princípios da dignidade da pessoa humana e da paternidade responsável, o planejamento familiar é livre decisão do casal, competindo ao Estado propiciar recursos educacionais e científicos para o exercício

> desse direito, vedada qualquer forma coercitiva por parte de instituições oficiais ou privadas. (BRASIL, 2018).

Um marco importante no âmbito familiar é o advento do divórcio, que mudou a configuração da sociedade até então existente. Casamentos antes marcados pela indissolubilidade, passam a romper-se, modificando o conceito de família até então existente.

Com o divórcio, os pais devem se preocupar, além da questão patrimonial, com os filhos, considerando que ambos os genitores possuem o direito à convivência com sua prole.

Surge, também, o instituto da União Estável, onde pessoas de sexos diferentes, ou não, decidem viver juntos, como se casados fossem, embora tal fato não seja verificado.

Após toda essa evolução, a família, independente de conceituações ou significações, continua a ser a base da sociedade, devendo, portanto, ter uma atenção especial do Estado.

Nos dizeres de Rolf Madaleno, "a nova organização da família segue o fenômeno social da chamada lei de contínuo estreitamento familiar, responsável pela transformação dos grandes grupos familiares na família nuclear de nossos tempos" (MADALENO, 2013).

Essa família, seja mono ou pluriparental, formada pelo casamento ou pela união estável (entre pessoas do mesmo sexo ou não), com filhos biológicos ou afetivos, representa, na atualidade, uma instituição complexa, que demanda uma análise profunda de seus membros e conflitos, devendo ser auxiliada por instrumentos que ultrapassam as leis vigentes, com o objetivo de manter a dignidade e a convivência harmoniosa de seus membros.

2.3 Autoridade Familiar

A autoridade familiar, exercida pelos pais sobre seus filhos, decorre de direitos e obrigações naturais, existentes na relação familiar, ante a necessidade que os filhos possuem, na infância, de ter alguém que cuide de seus interesses.

Nesse sentido de cuidado e atenção para com os filhos menores, é primordial destacar os ensinamentos de Leonardo Boff, ao afirmar que "pertence ao pai fazer compreender ao filho que a vida não é só aconchego, mas também trabalho, que não é só bondade, mas também conflito, que não há apenas sucesso, mas também fracasso, que não há tão-somente ganhos, mas também perdas".

Na lição de Silvio Rodrigues:

> O pátrio poder é o poder familiar, considerado em Direito de família, como direito indisponível, inalienável, irrenunciável e imprescindível, desde que os pais não sejam impedidos pela suspensão ou destituição do poder familiar, ou deixem de exercê-lo. Ainda, o poder familiar deve ser exercido em igualdade, pois é o conjunto de direitos e deveres atribuídos aos pais, em relação à pessoa e aos bens dos filhos não emancipados, tendo em vista a proteção destes, cabendo aos pais a responsabilização pelos atos dos filhos menores que estejam em sua guarda, devendo estes, na forma das penalizações legais, arcarem com o ônus de ressarcimento por eventuais danos causados por seus filhos. (RODRIGUES, 2007, p.347).

Já Maria Helena Diniz leciona:

> O poder familiar pode ser definido como um conjunto de direitos e obrigações, quanto à pessoa e aos bens do filho menor não emancipado, exercido, em igualdade de condições, por ambos os pais, para que possam desempenhar os encargos que a norma jurídica lhes impõe, tendo em vista o interesse e a proteção do filho. [...] Esse poder conferido simultaneamente a ambos os genitores e, excepcionalmente, a um deles, na falta do outro (CC, art. 1690, primeira parte), exercido no proveito, interesse e proteção dos filhos menores, advém de uma necessidade natural, uma vez que todo ser humano, durante sua infância, precisa de alguém que o crie, eduque, ampare, defenda, guarde e cuide de seus interesses, regendo sua pessoa e seus bens. (DINIZ, 2011).

A autoridade parental, prevista no Código Civil de 2002 abrange um rol de deveres e obrigações de ambos pais para com seus filhos conforme elencado no seu art. 1.634, que assim dispõe:

Art. 1.634. Compete a ambos os pais, qualquer que seja a sua situação conjugal, o pleno exercício do poder familiar, que consiste em, quanto aos filhos:

> I - dirigir-lhes a criação e a educação;
>
> II - exercer a guarda unilateral ou compartilhada nos termos do art. 1.584;
>
> III - conceder-lhes ou negar-lhes consentimento para casarem;
>
> IV - conceder-lhes ou negar-lhes consentimento para viajarem ao exterior;
>
> V - conceder-lhes ou negar-lhes consentimento para mudarem sua residência permanente para outro Município;
>
> VI - nomear-lhes tutor por testamento ou documento autêntico, se o outro dos pais não lhe sobreviver, ou o sobrevivo não puder exercer o poder familiar;
>
> VII - representá-los judicial e extrajudicialmente até os 16 (dezesseis) anos, nos atos da vida civil, e assisti-los, após essa idade, nos atos em que forem partes, suprindo-lhes o consentimento;
>
> VIII - reclamá-los de quem ilegalmente os detenha;
>
> IX - exigir que lhes prestem obediência, respeito e os serviços próprios de sua idade e condição. (BRASILEIRO, 2018).

Sobre o assunto, Gagliano e Pamplona Filho discorrem:

> [...] podemos conceituar o *poder familiar* como o complexo de direitos e obrigações reconhecidos aos pais, em razão e nos limites da autoridade parental que exercem em face dos seus filhos, enquanto menores e incapazes. (GAGLIANO e FILHO, 2012, p.596-597).

Os pais têm o dever de assegurar aos seus filhos uma vida digna, disponibilizando aos filhos todos os recursos necessários, dentro de suas possibilidades financeiras, para que possam se desenvolver de forma plena.

Eles devem dispensar aos filhos elementos básicos e primordiais, como alimentação, educação e cuidado, sendo que este último não deve ser considerado apenas em seu aspecto patrimonial, mas também psicológico e afetivo, porquanto não é apenas de bens materiais que se estrutura uma família, mas também de solidariedade e respeito mútuos, bem como de afeto.

Em razão da especial proteção que é destinada às crianças e aos adolescentes, em razão de sua vulnerabilidade e dependência, os pais, ao violarem seus deveres e responsabilidades para com sua prole, sofrerão as sanções previstas no ordenamento jurídico pátrio, não sendo admissível a violação das garantias destinadas aos filhos.

Nesse sentido é o entendimento da jurisprudência do Tribunal de Justiça de Minas Gerais:

> APELAÇÃO CÍVEL - DIREITO DE FAMÍLIA - AÇÃO DE DESTITUIÇÃO DE PODER FAMILIAR - ART. 1.638 DO CÓDIGO CIVIL - CERCEAMENTO DE DEFESA VERIFICADO - AUSÊNCIA DE ESTUDO SOCIAL - NECESSIDADE - INOBSERVÂNCIA DOS PRINCÍPIOS DA AMPLA DEFESA E DO CONTRADITÓRIO - INTERESSE DO MENOR - PRIORIDADE. A perda ou a destituição do poder familiar é a sanção mais grave imposta aos pais que faltarem com os deveres em relação aos filhos. Nesta linha de raciocínio, o Código Civil de 2002, prescreve em seu artigo 1.638 as hipóteses em que perderá o poder familiar o pai ou a mãe, ou, ambos, se comprovados a falta, omissão ou abuso em relação aos filhos. Não existindo nos autos estudo social específico em relação à genitora do menor e havendo indícios de que ela possui condições de criar seu filho, proporcionando-lhe desenvolvimento mental, intelectual, social e emocional, deve ser cassada a sentença, para que os autos retornem ao Juízo de origem para a realização de estudo urgente e minucioso a fim de se avaliar se ela tem estrutura (em

> sentido amplo) para ter a guarda do infante. (TJMG - Apelação Cível 1.0024.14.089293-6/001, Relator(a): Des.(a) Dárcio Lopardi Mendes , 4ª CÂMARA CÍVEL, julgamento em 08/09/2016, publicação da súmula em 13/09/2016) (TJMG 2018).

> DIREITO DE FAMÍLIA - APELAÇÃO CÍVEL - AÇÃO DE DESTITUIÇÃO DE PODER FAMILAR - PROVAS CONCRETAS QUE APONTAM A INCAPACIDADE DOS GENITORES EM CUMPRIR AS FUNÇÕES DE PAI E DE MÃE - DESTITUIÇÃO CONFIRMADA.
> - A perda ou a destituição do poder familiar é a sanção mais grave imposta aos pais, quando estes faltam com os deveres em relação aos filhos. Nesta linha de raciocínio, o Código Civil de 2002, prescreve em seu artigo 1.638 as hipóteses em que perderá o poder familiar o pai ou a mãe, ou, ambos, se comprovados a falta, omissão ou abuso em relação aos filhos. No caso dos autos, restou amplamente demonstrada a omissão dos genitores da menor com relação à criação de sua filha, existindo provas suficientes que evidenciam, de forma suficiente, o abandono da menor. (TJMG - Apelação Cível 1.0024.12.112355-8/001, Relator(a): Des.(a) Dárcio Lopardi Mendes , 4ª CÂMARA CÍVEL, julgamento em 31/03/2016, publicação da súmula em 06/04/2016) (TJMG, 2018).

A autoridade familiar tem por objetivo, entre outros, o amparo aos filhos diante da sua relação de dependência para com os pais, baseando-se em direitos e deveres recíprocos, resguardando o melhor interesse das crianças.

Dessa forma, torna-se imprescindível que os pais, juntamente com uma fiscalização efetiva por parte dos órgãos competentes do Estado, possam garantir o pleno desenvolvimento das crianças e adolescentes no seio de suas famílias, de modo que essa instituição, base da sociedade, garanta aos seus membros um complexo de direitos e garantias vitais para uma vida em uma sociedade mais justa e igualitária.

3

PRINCÍPIOS CONSTITUCIONAIS DO DIREITO DE FAMÍLIA

A família, base da sociedade, exige do Estado uma proteção integral e efetiva, garantindo aos seus membros os instrumentos necessários para que possam conviver em uma relação pautada no respeito.

Os princípios constitucionais que regem o Direito de Família, são garantidores do núcleo familiar, instrumentalizando a legislação pátria para assegurar à família os direitos e garantias a ela inerentes.

3.1. O Princípio da Dignidade da Pessoa Humana

O princípio da Dignidade da Pessoa Humana, previsto no art. 1º inciso III da Constituição Federal é a base principiológica do Estado Democrático de Direito, assegurando a garantia e os direitos fundamentais dos cidadãos.

O professor Caio Mário, ao explicitar o princípio da Dignidade da Pessoa Humana, afirma que o mesmo "assumiu posto de macro princípio constitucional, de sorte que todos os princípios que se concretizam na dignidade da pessoa humana constituem direitos fundamentais". (PEREIRA, 2010, p.52).

Tal princípio concretiza-se no Direito de Família brasileiro contemporâneo e, nas palavras de Maria Celina Bodin Moraes "a família só faz sentido para o direito a partir do momento em que ela é veículo funcionalizador da promoção da dignidade de seus membros". (MORAES, 2005).

Nesse sentido, Pablo Stolze Gagliano e Rodolfo Pamplona Filho lecionam:

> A noção jurídica de dignidade traduz um valor fundamental de respeito à existência humana, segundo as suas possibilidades e expectativas, patrimoniais e afetivas, indispensáveis à sua realização pessoal e à busca pela felicidade. Afirmando, ainda, que tal princípio apenas será pleno e efetivo quando observado no seio das relações familiares. (GAGLIANO e FILHO, 2012, p.49).

A dignidade humana, como expõe Paulo Luiz Netto Lôbo, "é aquilo que é essencialmente comum a todas as pessoas, impondo-se um dever de respeito e intocabilidade, inclusive em face do Poder Público". (LÔBO, 2004, p.155).

Já nas palavras de Luiz Roberto de Assumpção:

> A nova família, não patrimonializada, nuclear e vinculada pelo afeto, somente pode ser construída caso haja possibilidade de considerar um novo paradigma nas relações familiares, tendo como norte, sempre, perspectiva da tutela prioritária da dignidade da pessoa humana. (ASSUMPÇÃO, 2004, p.54-55).

Ingo Wolfgang Sarlet propôs uma conceituação jurídica para a dignidade da pessoa humana:

> Temos por dignidade da pessoa humana a qualidade intrínseca e distintiva de cada ser humano que o faz merecedor do mesmo respeito e consideração por parte do Estado e da comunidade, implicando, neste sentido, um complexo de direitos e deveres fundamentais que assegurem a pessoa tanto contra todo e qualquer ato de cunho degradante e desumano, como venham a lhe garantir as condições existenciais mínimas para uma vida saudável, além de propiciar e promover sua participação ativa corresponsável nos destinos da própria existência e da

> vida em comunhão dos demais seres humanos. (SARLET, 2001, p.60).

Por sua vez, Nelson Nery Junior doutrina que:

> É o fundamento axiológico do Direito; é a razão de ser da proteção fundamental do valor da pessoa e, por conseguinte, da humanidade do ser e da responsabilidade que cada homem tem pelo outro. (NERY JUNIOR, 2006, p. 40).

A importância da família na formação do caráter do indivíduo e na forma como ele irá se comportar perante a sociedade faz com que o princípio da Dignidade da Pessoa Humana funcione como a base da estrutura familiar, no que diz respeito, sobretudo, àquelas questões relativas ao afeto, de forma que todos os integrantes da família, sejam afetivos ou biológicos, possam conviver em um ambiente pautado no respeito e na igualdade mútua.

O ordenamento jurídico brasileiro, ao elevar a dignidade da pessoa humana ao patamar de princípio constitucional, assegura aos indivíduos direitos e garantias indisponíveis, como o direito à saúde, à educação, à alimentação, ao cuidado, entre outros, garantindo, pois, que o Estado, utilizando-se de mecanismos próprios, atue como garantidor de tais direitos.

3.2 Princípio da afetividade

O afeto, base das relações familiares da atualidade, está mais relacionado com os laços de convivência do que propriamente sanguíneos.

Embora não esteja previsto expressamente na Constituição Federal de 1988, o princípio da Afetividade traz consigo o cerne do núcleo familiar.

Nas palavras de Caio Mário da Silva Pereira, "em que pese não estar positivado no texto constitucional, pode ser considerado um princípio jurídico, à medida que seu conceito é construído por meio de uma interpretação sistemática da Constituição Federal". (PEREIRA, 2010, p.55-56).

Nas palavras de Pablo Stolze Gagliano e Rodolfo Pamplona Filho "o próprio conceito de família deriva da afetividade". (GAGLIANO e FILHO, 2012, p.89).

Nessa mesma linha, Caio Mário leciona:

> Ao enfatizar o afeto, a família passou a ser uma entidade plural, calcada na dignidade da pessoa humana. [...] Todo ser humano, desde sua infância, precisa receber e dar afeto para se tornar integral. No seu processo de amadurecimento, seja na escola ou na família, ou mesmo no seu grupo de amizade, apelar aos seus sentimentos é, muitas vezes, mais convincente que apelar por argumentos racionais. (PEREIRA, 2007, p.185).

Acerca do tema, leciona Giselda Maria Fernandes Novaes Hironaka:

> No momento em que o direito de família conseguir dizer o afeto dentro de sua própria doutrina, aí sim, estará efetivamente contemplando a *pessoa humana* no lugar do *sujeito de direito*. E será esta transformação que permitirá aflorar, no direito de família, uma concepção ética do ser humano. Ao contrário, enquanto o direito de família prosseguir ignorando a urgência da transformação, enquanto escolher continuar silenciando acerca do afeto, tudo o que conseguiremos será o continuísmo de um tempo já descabido, tempo este que operou uma ideia inadequada acerca da humanidade, o que, na prática jurídica, foi apenas mais uma maneira de tratar a pessoa humana como se ela fosse uma singela coisa". [...] É na afetividade que se desdobra o traço de identidade fundamental do direito gerado no seio da relação paterno-filial, que, sem deixar de ser jurídica, distingue-se de todas as demais relações justamente pelo fato de que ela, e apenas ela, pode, efetivamente, caracterizar-se e valorar-se, na esfera jurídica pela presença do afeto. (EGOV, 2013).

Nesse sentido, Lôbo leciona:

> A família recuperou a função que, por certo, esteve nas suas origens mais remotas: a de grupo unido por desejos e

> laços afetivos, em comunhão de vida. O princípio jurídico da Afetividade faz despontar a igualdade entre irmãos biológicos e adotivos e o respeito a seus direitos fundamentais, além do forte sentimento de solidariedade recíproca, que não pode ser perturbada pelo prevalecimento de interesses patrimoniais. É o salto, à frente, da pessoa humana nas relações familiares. (JUSNAVIGANDI, 2000).

Embora se verifique na sociedade atual uma crescente desestabilização nas famílias, cada vez mais desestruturadas e sem qualquer tipo de afeto, bem como na inexistência de garantia de direito básicos dos indivíduos, o Princípio da Afetividade, assim como o Princípio da Solidariedade Familiar, e até mesmo o Princípio da Dignidade da Pessoa Humana, embora não sejam visualizados em vários grupos familiares, não devem, por isso, ser afastados do patamar de princípio constitucional. Porquanto, o fato de não estarem presentes em determinada família, não lhe retira a sua importância, nem tampouco a sua necessidade.

Exigir dos membros da família considerações mútuas, tratamento digno, bem como respeito aos seus direitos, também garante a cada um deles um tratamento afetivo, porquanto são esses elementos que diferenciam a família de qualquer outro grupo social.

3.3 Princípio do melhor interesse da criança

Previsto no art. 227, do texto constitucional de 1988, o princípio do melhor interesse da criança deve, nas palavras de Caio Mário, "ser reconhecido como pilar fundamental do Direito de Família contemporâneo".

Afirma ainda que, "considerando-os em suas individualidades, também por seus pais ou responsáveis, crianças e adolescentes devem ser assumidos como pessoas em peculiar condição de desenvolvimento". (PEREIRA, 2010, p. 56-57).

Sobre os direitos das crianças, Flávio Tartuce e José Simão lecionam:

> O art. 3° do Estatuto da Criança e do Adolescente prevê que a criança e o adolescente gozem de todos os direitos fundamentais inerentes à pessoa humana, sem prejuízo da proteção integral, assegurando-lhes, por lei ou por outros meios, todas as oportunidades e facilidades, a fim de lhes facultar o desenvolvimento físico, mental, moral, espiritual e social, em condições de liberdade e dignidade" [...] Na ótica civil, essa proteção integral pode ser percebida pelo princípio do melhor interesse da criança, conforme reconhecido pela Convenção Internacional de Haia. (TARTUCE e SIMÃO, 2004, p.90-91).

Da análise do princípio em comento, Rodrigo da Cunha Pereira afirma:

> O Princípio do Melhor Interesse da Criança e do Adolescente tem suas raízes na mudança havida na estrutura familiar nos últimos tempos, através da qual ela despojou-se de sua função econômica para ser um núcleo de companheirismo e afetividade, "*locus* do amor, sonho, afeto e companheirismo". A família, enquanto instituição, perdeu seu valor intrínseco. A falsa paz doméstica não tinha mais que ser preservada. A família passou a valer somente enquanto fosse veiculadora da valorização do sujeito e a dignidade de todos os seus membros. Diante deste quadro, o menor ganha destaque especial no ambiente familiar, em razão de ainda não ter alcançado maturidade suficiente para conduzir a própria vida sozinho. Precisa dos pais - ou de alguém que exerça a função materna e paterna - para lhe conduzir ao exercício de sua autonomia. [...] Em face da valorização da pessoa humana em seus mais diversos ambientes, inclusive no núcleo familiar, o objetivo era promover sua realização enquanto tal. Por isso, deve-se preservar, ao máximo, aqueles que se encontram em situação de fragilidade. A criança e o adolescente encontram-se nesta posição por estarem em processo de amadurecimento e formação da personalidade. Assim, têm posição privilegiada na família, de modo que

> o Direito viu-se compelido a criar formas viabilizadoras deste intento. (PEREIRA, 2003).

A criança e o adolescente, em seu núcleo familiar, devem ser amparados por seus responsáveis, seja financeira, psicológica ou emocionalmente, de forma que seja a eles possibilitado um exercício de sua cidadania e caráter, afim de que sua família possa lhe dar todo auxílio no seu desenvolvimento ético e moral.

Por ser o primeiro contato do indivíduo com a sociedade, a família se torna a base do desenvolvimento do cidadão, devendo o mesmo ser amparado por esse núcleo.

O Superior Tribunal de Justiça já se manifestou sobre a observância do melhor interesse da criança:

> CIVIL. RECURSO ESPECIAL. FAMÍLIA. ESTATUTO DA CRIANÇA E DO ADOLESCENTE. ADOÇÃO POR AVÓS. POSSIBILIDADE. PRINCÍPIO DO MELHOR INTERESSE DO MENOR. PADRÃO HERMENÊUTICO DO ECA.
>
> 01 - Pedido de adoção deduzido por avós que criaram o neto desde o seu nascimento, por impossibilidade psicológica da mãe biológica, vítima de agressão sexual.
>
> 02 - O princípio do melhor interesse da criança é o critério primário para a interpretação de toda a legislação atinente a menores, sendo capaz, inclusive, de retirar a peremptoriedade de qualquer texto legal atinente aos interesses da criança ou do adolescente, submetendo-o a um crivo objetivo de apreciação judicial da situação específica que é analisada.
>
> 03. Os elementos usualmente elencados como justificadores da vedação à adoção por ascendentes são: i) a possível confusão na estrutura familiar; ii) problemas decorrentes de questões hereditárias; iii) fraudes previdenciárias e, iv) a inocuidade da medida em termos de transferência de amor/afeto para o adotando.
>
> 04. Tangenciando à questão previdenciária e às questões hereditárias, diante das circunstâncias fática presentes - idade do adotando e anuência dos demais herdeiros com

> a adoção, circunscreve-se a questão posta a desate em dizer se a adoção conspira contra a proteção do menor, ou ao revés, vai ao encontro de seus interesses.
>
> 05. Tirado do substrato fático disponível, que a família resultante desse singular arranjo, contempla, hoje, como filho e irmão, a pessoa do adotante, a aplicação simplista da norma prevista no art.
>
> 42, § 1º, do ECA, sem as ponderações do "prumo hermenêutico" do art.
>
> 6º do ECA, criaria a extravagante situação da própria lei estar ratificando a ruptura de uma família socioafetiva, construída ao longo de quase duas décadas com o adotante vivendo, plenamente, esses papéis intrafamiliares.
>
> 06. Recurso especial conhecido e provido. (STJ, REsp 1635649/SP, Rel. Ministra NANCY ANDRIGHI, TERCEIRA TURMA, julgado em 27/02/2018, DJe 02/03/2018) (STJ, 2018).

Nesse mesmo sentido, a Constituição Federal de 1988 garante os direitos das crianças e dos adolescentes, em seu art. 227:

> Art. 227. É dever da família, da sociedade e do Estado assegurar à criança, ao adolescente e ao jovem, com absoluta prioridade, o direito à vida, à saúde, à alimentação, à educação, ao lazer, à profissionalização, à cultura, à dignidade, ao respeito, à liberdade e à convivência familiar e comunitária, além de colocá-los a salvo de toda forma de negligência, discriminação, exploração, violência, crueldade e opressão.

Já o Código Civil estabelece, em seu artigo 1.584, que a guarda, unilateral ou compartilhada, poderá ser:

> "I – requerida, por consenso, pelo pai e pela mãe, ou por qualquer deles, em ação autônoma de separação, de divórcio, de dissolução de união estável ou em medida cautelar;
>
> II – decretada pelo juiz, em atenção a necessidades específicas do filho, ou em razão da distribuição de tempo necessário ao convívio deste com o pai e com a mãe." (BRASILEIRO, 2018).

O Estatuto da Criança e do Adolescente, em seu art. 3°, garante à criança e ao adolescente "todos os direitos fundamentais inerentes à pessoa humana, sem prejuízo da proteção integral de que trata esta Lei, assegurando-lhes, por lei ou por outros meios, todas as oportunidades e facilidades, a fim de lhes facultar o desenvolvimento físico, mental, moral, espiritual e social, em condições de liberdade e de dignidade" (BRASILEIRO, 2018).

Toda essa proteção justifica-se pelo momento de vulnerabilidade e transformação que passam as crianças e adolescentes, que necessitam, principalmente nessa fase, do apoio da família, por ser o primeiro contato com a vida em sociedade, primordial na formação de futuros cidadãos.

3.4 Princípio do Cuidado

Na lição do professor Caio Mário, o Princípio do Cuidado, embora não esteja expresso no texto constitucional de 1988, encontra-se em fase de reconhecimento por parte da doutrina e jurisprudência, sendo defendido como princípio constitucional, implícito, no art. 5°, § 2°, da Constituição Federal.

O autor ainda afirma:

> Vislumbra-se o princípio do cuidado nas relações familiares ao reconhecer como entidade familiar a comunidade formada por qualquer dos pais e seus descendentes, conferindo às pessoas que a compõem, a legitimidade para lhes propiciar o alcance da integridade da pessoa humana e ainda lhes conferir maior segurança nas relações jurídicas. [...] No que concerne à abordagem do cuidado no cerne do Estatuto da Criança e do Adolescente, são várias as passagens que deixam evidente a presença do referido princípio por parte do legislador e concretizam o já abordado princípio do melhor interesse da criança. (PEREIRA, 2010, p.58-59).

Em uma análise da Convenção Internacional sobre os Direitos das Crianças, através do Decreto 99.710/90, o autor aponta a notável inserção do Princípio do Cuidado no ordenamento jurídico, afirmando que o art. 7° do referido decreto "assegura à criança e ao adolescente o direito de conhecer seus pais e a ser cuidada por eles", ressaltando, ainda, que "o art. 18 destaca que os Estados Partes envidarão esforços para assegurar o reconhecimento do princípio de que ambos os pais têm obrigações comuns em relação à educação e desenvolvimento da criança".

3.5 Princípio da Solidariedade Familiar

O princípio da solidariedade, instituído no ordenamento jurídico brasileiro com a Constituição Federal de 1988, consagrou-se, na atualidade, como um princípio basilar do Direito de Família.

Nas palavras do professor Caio Mário da Silva Pereira, o Princípio da Solidariedade, previsto no art. 3º inciso I da Constituição Federal de 1988, implica, no âmbito do Direito de Família, um "respeito e considerações mútuos em relação aos membros da família". (PEREIRA, 2010, p.54).

Para ele, o Princípio da Solidariedade Familiar consagra-se, ainda, nos artigos 226, 227 e 230 da Constituição Federal de 1988, assumindo uma crescente importância na sociedade contemporânea.

Sobre tal princípio leciona Carlos Roberto Gonçalves:

> [...] Há um dever legal de mútuo auxílio familiar, transformado em norma, ou mandamento jurídico. Originariamente , não passava de um dever moral, ou uma obrigação ética, que no direito romano se expressava na equidade, ou no*officium pietatis*, ou na *caritas*. No entanto, as razões que obrigam a sustentar os parentes e a dar assistência ao cônjuge transcendem as simples justificativas morais ou sentimentais, encontrando sua origem no próprio direito natural. (GONÇALVES, 2005, p.441).

Nesse sentido leciona Paulo Luiz Netto Lôbo:

> A realização pessoal da afetividade e da dignidade humana, no ambiente de convivência e solidariedade, é a função básica da família de nossa época. Suas antigas funções econômica, política religiosa e procracional feneceram, desapareceram, ou desempenham papel secundário. Até mesmo a função procracional, com a secularização crescente do direito de família e a primazia atribuída ao afeto, deixou de ser sua finalidade precípua. (LÔBO, p.232).

Pablo Stolze Gagliano e Rodolfo Pamplona Filho também lecionam sobre o princípio da solidariedade familiar, sustentando:

> Não apenas traduz a efetividade necessária que une os membros da família, mas, especialmente, concretiza uma especial forma de responsabilidade social aplicada à relação familiar. [...] A solidariedade, portanto, culmina por determinar o amparo, a assistência material e moral recíproca, entre todos os familiares, em respeito ao princípio maior da dignidade da pessoa humana. (GAGLIANO e FILHO, 2012, p.95-96).

Em que pese as transformações estruturais e basilares, pelas quais a família atual vem passando, como nos casos de famílias monoparentais e aquelas formadas por casais do mesmo sexo e até mesmo pelo fato de que cada vez mais os pais estarem ausentes de casa, seja em razão do trabalho ou por outras necessidades, tais mudanças não podem afastar do núcleo familiar as características que lhe são próprias, ante a sua importância basilar na sociedade.

Deve-se entender o Princípio da Solidariedade Familiar, não apenas no que diz respeito ao seu aspecto patrimonial, mas também no que diz respeito ao seu aspecto emocional, implicando em respeito, cuidado e considerações mútuas entre os membros da família. Tal fato pode ser verificado pela análise no Princípio da Igualdade entre os filhos, considerando que todos devem ser tratados de forma digna e igualitária.

Dessa forma, os integrantes da família devem, mutuamente, garantir uns aos outros os direito inerentes ao indivíduo, principalmente no que diz respeito às crianças e adolescentes, porquanto gozam de direitos e garantias especiais, em razão da fase de formação em que se encontram, bem como de sua vulnerabilidade.

4

DA RESPONSABILIDADE CIVIL

O Código Civil, em seu art. 927, dispõe que "aquele que, por ato ilícito (arts. 186 e 187), causar dano a outrem, fica obrigado a repará-lo". (BRASILEIRO, 2018).

Gagliano e Pamplona Filho lecionam que a responsabilidade civil deriva "da transgressão de uma norma jurídica preexistente, impondo, ao causador do dano, a consequente obrigação de indenizar a vítima". (GAGLIANO e FILHO, 2012, p. 737-740).

Afirmam, ainda, que "além desses três elementos básicos, que serão obrigatórios para a caracterização da responsabilidade civil em qualquer de suas modalidades, há de se lembrar do elemento anímico, a culpa, de caráter eventual. A culpa é compreendida, a nosso sentir, como um elemento acidental da responsabilidade civil, em virtude de existir também a responsabilidade civil objetiva (calcada no exercício de uma atividade de risco, a teor do art. 927 do Código Civil)."

Maria Helena Diniz, sobre a Responsabilidade Civil, sustenta:

> A responsabilidade civil é a aplicação de medidas que obriguem uma pessoa a reparar dano moral ou patrimonial causado a terceiros, em razão de ato por ela mesma praticado, por pessoa por quem ela responde, por alguma coisa a ela pertencente ou de simples imposição legal. (DINIZ, 2011).

Já nas palavras de Carlos Roberto Gonçalves:

> Quando a responsabilidade não deriva do contrato, diz-se que ela é extracontratual. Neste caso, aplica-se o disposto no art. 186 do Código Civil. Todo aquele que causa dano a outrem, por culpa em sentido estrito ou dolo, fica obrigado a repará-lo. [...] Diz-se, pois, ser "subjetiva" a responsabilidade quando se esteia na ideia de culpa. A prova da culpa do agente passa a ser o pressuposto necessário do dano indenizável. Nessa concepção, a responsabilidade do causador do dano somente se configura se agiu com dolo ou culpa. A lei impõe, entretanto, a certas pessoas, em determinadas situações, a reparação de um dano independente da culpa. Quando isso acontece, diz-se que a responsabilidade é legal ou objetiva. (GONÇALVES, 2012, p.399-405).

Dessa forma, a responsabilidade civil subjetiva decorre da conduta culposa *stricto sensu* **(negligência, imprudência ou imperícia) ou dolosa** (vontade de praticar o ilícito). Já a responsabilidade civil objetiva é aquela que será verificada independentemente de culpa.

No que diz respeito à responsabilidade civil objetiva, leciona Sílvio Rodrigues:

> Na responsabilidade objetiva, a atitude culposa ou dolosa do agente causador do dano é de menor relevância, pois, desde que exista relação de causalidade entre o dano experimentado pela vítima e o ato do agente, surge o dever de indenizar, quer tenha este último agido ou não culposamente. (RODRIGUES, 2002, p.246)

Já no tocante à responsabilidade subjetiva, o mesmo autor sustenta que, "diz ser subjetiva a responsabilidade quando se inspira na ideia de "culpa" [...]. De modo que a prova da culpa do agente causador do dano é indispensável para que surja o dever de indenizar. (RODRIGUES, 2002, p.247).

No que diz respeito à aplicação da responsabilidade civil no âmbito do direito de família, Gagliano e Pamplona Filho lecionam:

> Nas relações de família, outrossim, considerando que os sujeitos envolvidos não estão exercendo qualquer atividade que implique, pela sua própria essência, risco a direito de outrem, a esmagadora maioria das situações fáticas demandará a prova do elemento culpa, a teor da regra geral definidora do ato ilícito, constante no art. 186 do Código Civil. (GAGLIONO e FILHO, 2012, p.738-739).

Na lição de Plácido e Silva:

> Dever jurídico, em que se coloca a pessoa, seja em virtude de contrato, seja em face de fato ou omissão, que lhe seja imputado, para satisfazer a prestação convencionada ou para suportar as sanções legais, que lhe são impostas. Onde quer, portanto, que haja obrigação de fazer, dar ou não fazer alguma coisa, de ressarcir danos, de suportar sanções legais ou penalidades, há a responsabilidade, em virtude da qual se exige a satisfação ou o cumprimento da obrigação ou da sanção. (SILVA, 2010, p. 642).

Por sua vez, Sérgio Cavalieri Filho, sustenta que "em seu sentido etimológico e também no sentido jurídico, a responsabilidade civil está atrelada a ideia de contraprestação, encargo e obrigação. Entretanto, é importante distinguir a obrigação da responsabilidade. A obrigação é sempre um dever jurídico originário; responsabilidade é um dever jurídico sucessivo consequente à violação do primeiro". (CAVALIERI FILHO, 2008, p. 3).

A responsabilidade civil divide-se, ainda, em responsabilidade civil subjetiva, aquela decorrente de conduta culposa/dolosa do agente, e a responsabilidade civil objetiva, que independe da culpa da culpa.

4.1 Responsabilidade Civil e seus requisitos

A responsabilidade civil tem por objetivo reparar o dano causado por aquele que, por sua culpa ou não, causou dano a outrem.

Tal instituto representa um mecanismo de responsabilização daquele que pratica um dano, contribuindo para o restabelecimento da ordem social, bem como para a punição de atos antijurídicos.

Para a caracterização da responsabilidade civil é necessário a verificação de seus requisitos, para que, então, o causador do dano possa ser penalizado, e a vítima possa ser ressarcida.

Nos dizeres de Maria Helena Diniz, os requisitos são:

> [...] existência de uma ação, comissiva ou omissiva, qualificada juridicamente, isto é, que se apresenta como um ato ilícito ou lícito [...]; ocorrência de um dano moral e/ou patrimonial causado à vítima por ato comissivo ou omissivo do agente ou de terceiro por quem o imputado responde, ou por um fato de animal ou coisa a ele vinculada [...]; nexo de causalidade entre o dano e a ação (fato gerador da responsabilidade), pois a responsabilidade civil não poderá existir sem o vínculo entre a ação e o dano [...]. (DINIZ, 2001, p.52).

A autora afirma que, por ação, devemos compreender como "o ato humano, comissivo ou omissivo, lícito ou ilícito, voluntário e objetivamente imputável, do próprio agente ou de terceiro, ou fato de animal ou de coisa inanimada, que cause dano a outrem, gerando o dever de satisfazer os direitos lesados." [...] "A responsabilidade decorrente de ato ilícito baseia-se na ideia de culpa, e a responsabilidade sem culpa funda-se no risco".

Já o dano, nas palavras de Maria Helena Diniz:

> É um dos pressupostos da responsabilidade civil, contratual ou extracontratual, visto que não poderá haver ação de indenização sem a existência de um prejuízo. Só haverá prejuízo se houver um dano a reparar. (DINIZ, 2011, p.64).

Por sua vez, o nexo de causalidade entre a ação e o dano dela decorrente é assim conceituado pela autora:

> O vínculo entre o prejuízo e a ação designa-se "nexo causal", de modo que o fato lesivo deverá ser oriundo da ação, diretamente ou como sua consequência previsível. Tal

> nexo representa, portanto, uma relação necessária entre o evento danoso e a ação que o produziu. (DINIZ, 2001, p.67).

Silvio Venosa explica que:

> No vasto campo da responsabilidade civil, o que interessa saber é identificar aquela conduta que reflete na obrigação de indenizar. Nesse âmbito, uma pessoa é responsável quando suscetível de ser sancionada, independemente de ter cometido pessoalmente um ato antijurídico. Nesse sentido a responsabilidade pode ser direta, se diz respeito ao próprio causador do dano, ou indireta, quando se refere a terceiro, o qual, de uma forma ou de outra, no ordenamento, está ligado ao ofensor. Se não puder ser identificado o agente que responde pelo dano esse ficará irressarcido; a vítima suportará o prejuízo. O ideal, porém, que se busca no ordenamento, é no sentido de que todos os danos sejam reparados. (VENOSA, 2003, p.3).

Dessa forma, para se verificar a responsabilidade civil, deve ocorrer, cumulativamente, a prática do ato ilícito, e o consequente dano ao outro, havendo entre a conduta praticada e o dano um nexo de causalidade.

O instituto, dessa forma, visa punir o ofensor e reparar a vítima do ilícito praticado, que lhe ocasionou o dano.

Na lição de Carlos Roberto Gonçalves, "quatro são os elementos essenciais da responsabilidade civil: ação ou omissão, culpa ou dolo do agente, relação de causalidade e o dano experimentado pela vítima". (GONÇALVES, 2012, p.53-54).

Ainda sobre o assunto, o autor sustenta:

> Com efeito, o elemento subjetivo da culpa é o dever violado. A responsabilidade é uma reação provocada pela infração de um dever preexistente. No entanto, ainda mesmo que haja violação de um dever jurídico e que tenha havido culpa, e até mesmo dolo, por parte do infrator, nenhuma indenização será devida, uma vez que não se tenha verificado prejuízo. A obrigação de indenizar decorre,

> pois, da existência da violação de direito e do dano, concomitantemente. (GONÇALVES, 2012, p.54-55).

A grande dificuldade, nos dias atuais, diz respeito à apuração do dano moral, porquanto o dano material diz respeito às perdas patrimoniais sofridas pela vítima, que pode ser facilmente demonstrada por meio de documentos e até mesmo por meio de prova testemunhal.

A doutrina e a jurisprudência, nesse sentido, vêm enfrentando grandes barreiras, no tocante a valoração do dano moral, posto que o mesmo, para ser apurado, vai muito além da mera análise das circunstâncias de fato.

Como restou analisado, aquele que pratica um ato ilícito deve ser penalizado, reparando o dano causado a outrem, em decorrência de sua ação/omissão. Dessa forma, torna-se imprescindível a apuração do dano moral sofrido pela vítima, em consequência da conduta praticada pelo agente, considerando que, somente assim, ela será ressarcida.

No entanto, aparenta-se de forma abstrata, para o Direito vigente, a possibilidade de apuração daquilo que realmente caracteriza danos morais, considerando que aquilo que pode ser um abalo psicológico para um, pode não ser para outro, da mesma forma que um ato realizado contra uma pessoa pode não ter o mesmo impacto para outra.

Em razão do sentimento e da moral ser particular de cada indivíduo, que tem suas características e peculiaridades próprias, que podem não se assemelhar com a de qualquer outra pessoa, dificulta a caracterização desse sofrimento moral, que enseja sua reparação civil, diante do dano sofrido pela vítima.

5
DANO MORAL

Embora a doutrina e a jurisprudência venham enfrentando dificuldade na conceituação e caracterização do dano moral, a falta de aprofundamento sobre o tema não pode afastar, da apreciação do judiciário, as possíveis lesões à esfera não patrimonial do indivíduo.

O dano moral, mais do que dor e sofrimento, decorre da violação dos direitos da personalidade do indivíduo, que devem ser tutelados.

A Constituição Federal, por sua vez, em seu art.5, inciso V, dispõe que "é assegurado o direito de resposta, proporcional ao agravo, além da indenização por dano material, moral ou à imagem". (BRASIL, 2018).

Na definição do dano moral, o professor Yussef Said Cahali sustenta:

> É a privação ou diminuição daqueles bens que têm um valor precípuo na vida do homem e que são a paz, a tranquilidade de espírito, a liberdade individual, a integridade individual, a integridade física, a honra e os demais sagrados afetos, classificando-se desse modo, em dano que afeta a parte social do patrimônio moral(honra, reputação, etc.) e dano que molesta a parte afetiva do patrimônio moral (dor, tristeza, saudade, etc.), dano moral que provoca direta ou indiretamente dano patrimonial (cicatriz deformante, etc.) e dano moral puro (dor, tristeza, etc.). (CAHALI, 1998, p.17).

Como bem preleciona, ainda, Cahali:

> O instituto atinge agora a sua maturidade e afirma a sua relevância, esmaecida de vez a relutância daqueles juízes e doutrinadores então vinculados ao equivocado preconceito de não ser possível compensar a dor *moral* com dinheiro. (CAHALI, 1998, p.18).

Entre as diversas espécies de dano, importa ressaltar o conceito de dano moral que, conforme leciona Gonçalves:

> Embora possa haver responsabilidade sem culpa, não se pode falar em responsabilidade civil ou em dever de indenizar se não houve o dano [...]. Dano moral é o que atinge o ofendido como pessoa, não lesando seu patrimônio. É lesão de bem que integra os direitos de personalidade, como a honra, a dignidade, a intimidade, a imagem, o bom nome, etc., como se infere dos arts. 1°, III e 5°, V e X, da Constituição Federal. (GONÇALVES, 2012, p.390-391).

O autor ainda sustenta que "o dano moral, salvo casos especiais, dispensa prova em concreto, pois se passa no interior da personalidade e existe *in re ipsa.* Trata-se de presunção absoluta. Desse modo, não precisa a mãe comprovar que sentiu a morte do filho".

Sobre o assunto, Sílvio de Salvo Venosa leciona:

> Somente haverá possibilidade de indenização se o ato ilícito ocasionar dano. Cuida-se, portanto, do dano injusto. Em concepção mais moderna, pode-se entender que a expressão dano injusto traduz a mesma noção de lesão a um interesse, expressão que se torna mais própria modernamente, tendo em vista ao vulto que tomou a responsabilidade civil. [...] Trata-se, em última análise, de interesse que são atingidos injustamente. O dano ou interesse deve ser atual e certo; não sendo indenizáveis, a principio, danos hipotéticos. Sem dano ou sem interesse violado, patrimonial ou moral, não se corporifica a indenização. A materialização do dano acorre com a definição do efetivo prejuízo suportado pela vítima. (VENOSA, p. 2003).

Na mesma linha, o entendimento adotado por Carlos Roberto Gonçalves:

> Para evitar excessos e abusos, recomenda Sérgio Cavalieri, com razão, que só se deve reputar como dano moral a dor, vexame, sofrimento ou humilhação que, fugindo à normalidade, interfira intensamente no comportamento psicológico do indivíduo, causando-lhe aflições, angústia e desequilíbrio em seu bem-estar. Mero dissabor, aborrecimento, mágoa, irritação ou sensibilidade exacerbada estão fora da órbita do dano moral, porquanto, além de fazerem parte da normalidade do dia a dia, no trabalho, no trânsito, entre os amigos e até no ambiente familiar, tais situações não são intensas e duradouras, a ponto de romper o equilíbrio psicológico do indivíduo. (GONÇALVES, 2012, p.391-395).

5.1. O dano moral e sua valoração

Acerca da valoração do dano moral, Carlos Roberto Gonçalves sustenta que, na valoração do dano moral, é necessário considerar "a condição social, educacional, profissional e econômica do lesado"; "a intensidade do sofrimento"; "a situação econômica do ofensor e os benefícios que obteve com o ilícito"; "a intensidade do dolo ou o grau da culpa"; "a gravidade e a repercussão da ofensa" e as "particularidades e circunstâncias que envolveram o caso, atentando-se para o caráter antissocial da conduta lesiva".

O autor ainda leciona:

> [...] a reparação pecuniária, tanto do dano patrimonial como do dano moral, tem duplo caráter: compensatório para a vítima e punitivo para o ofensor. O caráter punitivo é puramente reflexo ou indireto: o causador do dano sofrerá um desfalque patrimonial que poderá desestimular a reiteração da conduta lesiva. Porém, a finalidade precípua da indenização não é punir o responsável, mas servir de compensação, na hipótese de dano moral. (GONÇALVES, 2012, p.405).

Nesse sentido, Sílvio de Salvo Venosa sustenta:

> Não é também qualquer dissabor comezinho da vida que pode acarretar a indenização. Aqui também é importante o critério objetivo do homem médio, o *bonus pater familias*: não se levará em conta o psiquismo do homem excessivamente sensível, que se aborrece com fatos diuturnos da vida, nem o homem de pouca ou nenhuma sensibilidade, capaz de resistir sempre às rudezas do destino. Nesse campo, não há fórmulas seguras para auxiliar o juiz. Cabe ao magistrado sentir em cada caso o pulsar da sociedade que o cerca. O sofrimento como contraposição reflexa da alegria é uma constante do comportamento humano universal. (VENOSA, 2003, p.39).

Sobre o tema, é a jurisprudência do Tribunal de Justiça de Minas Gerais:

> APELAÇÃO CÍVEL - AÇÃO INDENIZATÓRIA DE DANOS MORAIS- INDENIZAÇÃO - RESPONSABILIDADE OBJETIVA - COPASA - CADÁVER ENCONTRADO NO RESERVATÓRIO DE ÁGUA - LÍQUIDO PRÓPRIO PARA O CONSUMO - DANOS MORAIS NÃO COMPROVADOS 1. A concessionária de serviço público responde pelos seus atos de forma objetiva, bastando a demonstração, pelas vítimas, da existência do dano e do nexo causal entre a conduta do ente administrativo e o prejuízo sofrido. 2. A existência de dano efetivo é pressuposto necessário para a responsabilização civil, sob pena de caracterização de enriquecimento sem causa. 3. A dificuldade de conceituação do dano moral não pode levar à banalização do instituto, que, justamente por não ser aferível objetivamente, tem se tornado escopo para abusos das mais diversas ordens, estimulando o demandismo e a judicialização das relações interpessoais. 4. Embora seja desconfortável a constatação de que havia um cadáver no reservatório de água que abastecia a cidade, não houve qualquer prova de que o evento abalou psicologicamente os requerentes ou causaram-lhes qualquer tipo de dano, mormente diante do laudo pericial em que se constatou que o líquido estava próprio para o consumo. 5. Recurso não provido. (TJMG - Apelação Cível 1.0611.14.001206-7/001, Relator(a): Des.(a) Áurea Brasil,

> 5ª CÂMARA CÍVEL, julgamento em 15/02/2018, publicação da súmula em 21/02/2018) (TJMG, 2018).
>
> AÇÃO DE OBRIGAÇÃO DE FAZER CUMULADA COM INDENIZAÇÃO POR DANOS MORAIS E MATERIAIS. INFILTRAÇÕES EM APARTAMENTO ELIMINAÇÃO DA INFILTRAÇÃO. NECESSIDADE DE REPARAÇÃO DOS DANOS PROVOCADOS. DANOS MORAIS INOCORRENTES NA ESPÉCIE. CONTRATAÇÃO DE ADVOGADO - HONORÁRIOS CONVENCIONADOS - RESSARCIMENTO - DANO INDENIZÁVEL - AUSÊNCIA - PERDAS E DANOS. Se as infiltrações foram consertadas, deve o réu ser condenado aos reparos de pintura. Não é o caso de condenação por danos morais, quando os fatos são aborrecimentos e transtornos decorrentes da vida em sociedade, que merecem absorção, sob pena de banalização do instituto. Não se caracteriza como dano ressarcível a contratação de advogado para ajuizamento de ação, pois este evento consiste em faculdade que não está diretamente ligada ao descumprimento de obrigações trabalhistas cometido pelo empregador. As perdas e danos não compreendem os honorários advocatícios contratados, mas apenas os de natureza sucumbencial. (TJMG - Apelação Cível 1.0024.14.162315-7/001, Relator(a): Des.(a) Pedro Bernardes , 9ª CÂMARA CÍVEL, julgamento em 05/12/2017, publicação da súmula em 24/01/2018) (TJMG, 2018).

A jurisprudência, embora já tenha disciplinado sobre o dano moral, não consegue estabelecer, de forma satisfatória, quais seriam os elementos caracterizadores do dano moral, limitando-se em afirmar, na maioria das vezes, que aborrecimentos da vida cotidiana não ocasionam dano moral a ensejar uma reparação. Argumentam, assim, que o abalo psicológico deve ser visualizado, sem, contudo, informar, e até mesmo fornecer, os instrumentos necessários para realizar tal apuração.

Em que pese as diversas argumentações, tanto por parte da doutrina, como da jurisprudência, a apuração do dano moral sofrido pelo indivíduo ainda não encontrou, no ordenamento jurídico brasileiro, uma conceituação e fundamentação capaz de amparar os indivíduos lesados moralmente.

Nesse sentido, Maria Helena Diniz esclarece que:

> O lesado pode pleitear uma indenização pecuniária em razão do dano moral, sem pedir um preço para sua dor, mais um lenitivo que atenue, em parte, as consequências do prejuízo sofrido, melhorando seu futuro, superando o déficit acarretado pelo dano. (DINIZ, 2011, p.618-619).

Sobre a dificuldade de aferição do dano moral, Maria Celina Bodin leciona:

> Na realidade, o problema maior da reparação do dano moral refere-se ao seu mecanismo de identificação que funciona ainda de maneira rudimentar. A maioria dos juristas nacionais definem dano moral de acordo com a chamada "Lição de René Savatier", segundo a qual "dano moral é todo sofrimento humano que não é causado por uma perda pecuniária". Tal conceituação, contudo, não permite que se colha a noção específica, satisfazendo-se a doutrina com uma ideia ampla e genérica a ponto de se admitir praticamente tudo, isto é, justamente "todo sofrimento humano" na configuração do dano moral. (MORAES, 2005).

Nesse sentido, a autora ainda sustenta:

> O fato é que a reparação dos danos morais não pode mais operar, como vem ocorrendo, no nível do senso comum. Sua importância no mundo atual exige que se busque alcançar um determinado grau de tecnicidade, do ponto de vista da ciência do direito. [...] A ausência de rigor científico e de objetividade na conceituação do dano moral tem gerado obstáculos ao adequado desenvolvimento da responsabilidade civil, além de perpetrar, quotidianamente, graves injustiças e incertezas aos jurisdicionados. Portanto, o ressarcimento do dano moral deve ser tratado com maior seriedade, tanto científica quanto metodologicamente, visto que séria também é a exigência de proteger eficazmente a pessoa humana e seus direitos

> fundamentais. [...] Vincular o dano moral unicamente à ofensa de valores ou interesses constitucionalmente protegidos, contidos no conceito de dignidade humana, impede que se fomente a chamada "indústria do dano moral", na medida em que se constitui uma salvaguarda invencível contra os riscos de expansão desmesurada dos danos ressarcíveis. (MORAIS, 2005).

Assim, as inúmeras afirmações, principalmente de grande parte da jurisprudência, de que "meros dissabores não acarretam dano moral", não encontram base em nenhum fundamento sólido, em razão da ausência de instrumentos que possam averiguar, de fato, o que é o dano moral passível de reparação.

Dessa forma, os tribunais vêm enfrentando dificuldades na identificação dos danos morais ensejadores da reparação civil, razão pela qual se tornam cada vez mais complexas, entre outras, as ações que visam a reparação deste dano no que diz respeito ao abandono afetivo, por tratar-se, ainda, de um instituto relativamente novo no ordenamento jurídico pátrio.

6

RESPONSABILIDADE CIVIL POR ABANDONO AFETIVO DOS PAIS

A evolução pela qual a família vem passando acarreta situações ainda não previstas no ordenamento jurídico, mas que precisam ser disciplinadas, garantindo o equilíbrio entre os indivíduos, bem como o bem-estar social.

Os membros dessa nova família que vem delineando-se na sociedade demanda, cada vez de forma mais latente, uma tutela especial do Estado.

Sempre se atentando aos princípios constitucionais e infraconstitucionais, basilares do Direito de Família, tem-se o Princípio do melhor interesse da criança, garantindo que todos os esforços, tanto da família, quanto da sociedade, sejam no sentido de garantir às crianças e aos adolescentes um desenvolvimento adequado e de qualidade.

Embora a obrigação dos pais, em criar e educar seus filhos, dispensando a eles os cuidados necessários, esteja amplamente prevista na legislação pátria, verifica-se de forma constante a violação de tais deveres.

Dessa forma, torna-se necessário a utilização de mecanismos capazes de punir o agente, bem como evitar futuros descumprimentos da lei.

Embora, para garantir esse desenvolvimento digno às crianças e aos adolescentes, no tocante ao aspecto patrimonial, já exista previsão expressa de meios coercitivos, como o caso da execução (artigo 528 e seguintes, do Código de Processo Civil), aplicável aos devedores de pensão alimentícia, faz necessário a previsão dos meios adequados para evitar os danos decorrentes de aspectos morais, que até então não foram disciplinados de forma ampla e efetiva.

Ainda sobre a responsabilidade civil decorrente do abandono afetivo dos pais, Maria Celina Bodin assevera:

> Com a aprovação do divórcio e a rápida elevação da taxa de separações e de famílias recompostas, as coisas mudaram completamente. Os membros da família atual relacionam-se em um plano de igualdade e liberdade. Nesse sentido, deixou de ser razoável impedir a reparação do dano moral sob o fundamento de proteção da integridade familiar. Em numerosas situações, a fratura que se cria na relação paterno-filial, em decorrência da separação conjugal, é o que torna factíveis reclamações do gênero. O rompimento ou o afastamento acentuado nas relações familiares gera a distância imprescindível e o ambiente necessário para a propositura das ações reparatórias. (BODIN, 2005).

A responsabilização dos pais, em razão do dano causado pelo abandono afetivo dos filhos, embora se trate de um assunto polêmico, deve ser objeto de estudo por parte da doutrina, ante a necessidade de regulamentação do tema.

Tal necessidade decorre do fato de que, embora não seja fácil disciplinar, de forma jurídica, os sentimentos, nem tampouco estipular o que acarreta, ou não, um dano moral, de natureza intrínseca e particular de cada indivíduo, bem como a valoração desse dano, aquele que ocasiona um dano deve se responsabilizar pelo dano que causou a um indivíduo.

No que diz respeito à possibilidade de reparação pecuniária em decorrência do abandono afetivo dos pais, em relação aos filhos, Gagliano e Pamplona Filho afirmam:

> Os partidários da tese defendem a ideia de uma paternidade/maternidade responsável, em que a negativa do afeto, gerando diversas sequelas psicológicas, caracterizaria um ato contrário ao ordenamento jurídico e, por isso, sancionável no campo da responsabilidade civil. Já aqueles que se contrapõem à tese sustentam, em síntese, que a sua adoção importaria em uma indevida *monetarização do afeto,* com o desvirtuamento da sua essência, bem como a impossibilidade de se aferir quantidade ou qualidade do amor dedicado por alguém a outrem, que deve ser sempre algo natural e espontâneo, e não uma obrigação jurídica, sob controle estatal. (GAGLIANO e FILHO, 2012, p.740).

Ainda concluem:

> Logicamente, dinheiro nenhum efetivamente compensará a ausência, a frieza, o desprezo de um pai ou de uma mãe por seu filho, ao longo da vida. Mas é preciso compreender que a fixação dessa indenização tem um acentuado e necessário caráter punitivo e pedagógico, na perspectiva da função social da responsabilidade civil [...]. (GAGLIANO e FILHO, 2012, p.740).

A relação entre pais e filhos, em razão de toda a reestruturação pela qual a família passa, bem como toda a evolução vivenciada pela sociedade, tem se tornado cada vez mais complexa, objetivando maiores cuidados.

Sobre os deveres dos pais, em relação aos seus filhos, o art. 932 I do Código Civil, dispõe que são responsáveis pela reparação civil "os pais, pelos filhos menores que estiverem sob sua autoridade e em sua companhia". (BRASILEIRO, 2018).

Confirme o art. 933, do mesmo *códex*, a responsabilidade paterna independe de culpa, caracterizando-se, portanto, a responsabilidade civil objetiva.

O voto da Ilustre Ministra do Superior Tribunal de Justiça, Nancy Andrighi, no Recurso Especial nº. 1.159.242-SP, dispõe acerca da observância dos deveres legais dos pais em relação aos filhos:

> [...] indiscutível o vínculo não apenas afetivo, mas também legal, que une pais e filhos. Destacam-se o dever de convívio, de cuidado, de criação e de educação dos filhos, vetores que, por óbvio, envolvem a necessária transmissão de atenção e o acompanhamento do desenvolvimento sócio-psicológico da criança (BRASIL, Superior Tribunal de Justiça, 2012).

Rodrigo da Cunha Pereira, sobre o tema, sustenta:

> O afeto é um princípio jurídico e também um pressuposto da autoridade e das funções paternas. E, como não é possível obrigar ninguém a dar afeto, a única sanção possível é a reparatória. Não estabelecer tal sanção aos pais significa premiar a irresponsabilidade e o abandono paterno. (PEREIRA, 2003).

Na mesma linha de pensamento, Maria Berenice Dias leciona:

> O dano à dignidade humana do filho em estágio de formação deve ser passível de reparação material, não apenas para que os deveres parentais deliberadamente omitidos não fiquem impunes mas, principalmente, para que, no futuro, qualquer inclinação ao irresponsável abandono possa ser dissuadida pela firme posição do Judiciário ao mostrar que o afeto tem um preço muito alto na nova configuração familiar. (DIAS, 2007, p.378).

Já no que diz respeito à configuração do dano moral, a mesma autora ainda sustenta:

> Para a configuração de dano moral à integridade psíquica de filho, será preciso que tenha havido o abandono por parte do pai ou da mãe e a ausência de uma figura substitutiva. Se alguém "faz as vezes" de pai ou de mãe, desempenhando suas funções, não há dano a ser reparado, não obstante o comportamento moralmente condenável do genitor biológico. [...] Não se trata, pois, de condenar um pai que abandonou seu filho (eventual "dano causado"), mas de reparar o dano sofrido pelo filho quando,

> abandonado pelo genitor biológico, não pôde contar nem com seu pai biológico nem com uma figura substitutiva, configurando-se, então, só ai, o que se chamou de "ausência de pai". [...] A situação dos filhos abandonados pelos pais representa um dos maiores problemas sociais de nosso país e deve ser enfrentado por todos os ângulos. O viés jurídico, já garantido pelo direito de família positivo, passa pela conscientização de que a lei obriga e responsabiliza os pais no que toca aos cuidados com os filhos. A ausência desses cuidados, o abandono moral, viola a integridade psicofísica dos filhos, bem como o princípio da solidariedade familiar, valores protegidos constitucionalmente. (DIAS, 2017).

Nesse mesmo sentido, Claudete Carvalho Canezim sustenta que o "Poder Judiciário não pode obrigar ninguém a ser pai. No entanto, aquele que optou por ser pai (vale salientar que há inúmeros recursos para se evitar a paternidade) deve encarregar-se de sua função sob pena de reparar os danos causados ao desenvolvimento de seus filhos". (CANEZIM, 2006, p.71-87).

Sobre o assunto, cumpre registrar a sustentação de Hiasminni Albuquerque Alves Sousa:

> Sabemos que lidar com a questão do abandono afetivo é algo perigoso, porém de extrema relevância, ao passo que a reparação civil entra na esfera do Direito de Família a fim de aplicar uma sanção àqueles que descumprem os princípios fundamentais inertes às relações familiares no intuito de estabelecer não somente uma punição aos que descumprem tais preceitos, mas no sentido de se buscar a valorização da afetividade, ao passo que o afeto tornou-se um bem jurídico inerente à dignidade da pessoa humana de forma tal que enseja a tutela do Judiciário. Destarte, não foge à razoabilidade concluir que o Direito não pode fechar os olhos diante a falta de afeto ou do desamor. Todavia, a indenização por abandono afetivo não deve ser vista como uma forma de vingança exercida pelo filho rejeitado, nem deve se observado do ponto de vista patrimonial-individualista mas, sobretudo deve receber o olhar correlato aos outros campos do direito, onde basta à

> violação de direitos ou a omissão de deveres para se configurar a ilicitude devendo, pois, ser passível de reparação. Para isso, faz-se necessária a ruptura de paradigmas já existentes para elevar o afeto à categoria de elemento indubitavelmente necessário à formação de sujeitos e de cidadãos enquanto sociedade. Sendo papel dos pais proporcionarem aos seus filhos uma convivência amorosa e sadia, pois é na família, leia-se entidade familiar, que se delineia o caráter e a personalidade do indivíduo. (IBDFAM, 2012).

Ainda nos dizeres de Maria Celina Bodin de Moraes:

> Não há dúvida de que muitos dos que se dedicam ao estudo e ao julgamento dos danos morais no país temem a mercantilização das relações extrapatrimoniais, a equiparação dos valores existenciais a simples mercadorias, a patrimonialização *tout court* de todas as situações subjetivas. Todavia, tal temor não pode impedir que se reconheça e identifique a hipótese quando ela se apresenta. Claro que muitas das questões referentes aos danos morais nas relações paterno-filiais permanecem em aberto e que, acerca de outras tantas, só o futuro dirá. O mais interessante em tema de responsabilidade civil é justamente o fato de que esta disciplina é, dentre as que compõem o direito civil, a que mais se aproxima da noção de justiça em vigor na sociedade. (Revista Brasileira de Direito de Família, 2005, p.64).

Inúmeras são as correntes que se opõem à possibilidade de responsabilização civil, em decorrência do dano configurado pelo abandono afetivo dos pais.

Muito se afirma sobre a impossibilidade de se comprar o afeto, bem como na inexistência de mecanismos que possam quantificar a dor pela ausência de convivência com os pais, se é que ela existe, até mesmo sobre o argumento de que tal fato não tem o condão de ensejar um abalo moral, não havendo o que se falar em sua reparação.

Outra questão sustentada por essa doutrina decorre da argumentação de que ninguém é obrigado a amar ao seu filho, e nem tampouco o dinheiro, advindo de uma eventual indenização, irá reparar a frustração e dor.

No entanto, o que se deve argumentar é a ocorrência do ato ilícito praticado pelos pais ao abandonarem seus filhos afetivamente, não dispensando a eles os cuidados a que tem direito, porquanto, a própria Constituição Federal impõe o dever dos pais em cuidar dos seus filhos.

Ademais, cumpre ressaltar que o dano moral não significa apenas dor e sofrimento, porquanto tais denominações são, na verdade, os efeitos do dano moral sofrido pela vítima. O que importa observar é a violação aos direitos de personalidade, intentada pelo agente causador do dano, acarretando a ele o dever de indenizar a vítima.

O Código Civil, por sua vez, também traz disposições acerca das obrigações e deveres dos pais para com seus filhos, deveres esses de cuidado e atenção, imputando até mesmo sanções, como a perda ou suspensão do poder familiar, em razão do não cumprimento de tais deveres.

Sobre os argumentos contrários à tese de possibilidade de reparação civil em decorrência do abandono afetivo dos pais, Rosa, Carvalho e Freitas sustentam:

> Destarte, um dos principais argumentos daqueles que são contrários ao surgimento de eventual responsabilidade civil pelo abandono afetivo seria a impossibilidade de que tal situação possa ser restabelecida. Conforme Maria Aracy Menezes da Costa, "pagar pela falta de amor não faz surgir o amor, e tampouco o restabelece; pagar pela falta de companhia, não tem o dom de substituir o prazer de conviver". De acordo com Anderson Schreiber, o afeto não estaria incluído no dever de educação imposto aos pais pela Constituição, consignando que "amor e dever não se misturam". Apesar dos respeitáveis argumentos contrários à tese da responsabilização por abandono

> afetivo, não há como o direito de família na contemporaneidade deixar de acolher tal ideia. Nas palavras de Rodrigo da Cunha Pereira "não é monetarizar o afeto, mas punir aquele que descumpre essencial função na vida da prole. (ROSA, 2012, p.185).

Os autores concluem a argumentação dispondo:

> A afetividade no campo jurídico vai além do sentimento, e está diretamente relacionada à responsabilidade e ao cuidado. Por isso, o afeto pode se tornar uma obrigação jurídica e ser fonte de responsabilidade civil. O princípio da afetividade, aliado ao da paternidade responsável, é que autoriza o estabelecimento da responsabilidade civil. (ROSA, 2012, p.185)

Maria Isabel Pereira da Costa, nesse sentido, leciona:

> Para fins indenizatórios pelos danos causados ao filho devido à ausência de afeto por parte de um dos pais, ou de ambos, não basta uma ausência temporária; não pode ser medida tão simplesmente pela ausência de uma visita ou outra, mas deve ser avaliada no contexto do exercício do poder familiar. Só a ausência contínua e deliberada às visitas ao filho se constitui em forte indício de omissão de afeto. Também é importante ressaltar que pais que convivem continuamente com os filhos, sob o mesmo teto ou não, podem negar o afeto a este e até impingir-lhes maus tratos. (COSTA, 2005, p.35).

O que se sustenta não é a compra do afeto, e nem tampouco a vingança do filho em relação ao pai que o abandonou. A responsabilização pelo abandono afetivo não resulta na compra do afeto, e nem tampouco na exclusiva punição ao agente. O que se objetiva, aqui, é a reparação do dano causado pelo pai ao não dispensar aos seus filhos garantias a que tem direito, principalmente em observância ao princípio do melhor interesse da criança, garantido em lei, sem falar nas consequências sociais e psicológicas decorrentes do abandono.

Nos dizeres de Rolf Madaleno:

> Subsistem razões para discordar da vertente que nega a reparação material pela omissão do afeto parental, e ao contrário do que é afirmado, a indenização não tem nenhum propósito de compelir o restabelecimento do amor, já desfeito pelo longo tempo transcorrido diante da total ausência de contato e de afeto paterno ou materno. Decisões judiciais buscando reparar com indenizações pecuniárias a dilaceração da alma de um filho em fase de formação de sua personalidade, cujos pais se abstêm de todo e qualquer contato e deixam os seus filhos em total abandono emocional, não condenam a reparar a falta de amor, ou o desamor, nem tampouco a preferência de um pai sobre um filho e seu descaso sobre o outro, mas penalizam a violação dos deveres morais contidos nos direitos fundados na formação da personalidade do filho rejeitado. Penalizam o dano à dignidade humana do filho em estágio de formação, mas não com a intenção de recuperar o afeto não desejado pelo ascendente, mas principalmente, por seu poder dissuasório a demonstrar que, doravante, este velho sentimento de impunidade tem seus dias contados e que possa no futuro desestabilizar quaisquer outras inclinações de irresponsável abandono, se dando conta pelos exemplos jurisprudenciais, que o afeto tem um preço muito caro na nova configuração familiar. (MADALENO, 2013).

Por mais que inúmeras familias convivam atualmente sem qualquer tipo de ligação afetiva, é impossível sustentar a inexistência de ilícito praticado pelo pai que abandonou seu filho, ao passo que no plano material, o mesmo é obrigado, por imposição legal, a auxiliar seu filho economicamente para que possa viver de forma digna, não sendo razoável, portanto, que o afeto e o cuidado não tenham a mesma importância.

Aos pais cumpre observar os deveres e obrigações previstas legalmente, bem como se responsabilizar por eventuais danos causados aos filhos em decorrência de ações ilícitas ou omissões.

É claro que a apuração do dano em decorrência do abandono afetivo faz-se indispensável, assim como em qualquer caso em que se pleiteia a reparação pelo dano sofrido em razão de um ilícito praticado.

Corroborando o direito do filho à convivência familiar, o Estatuto da Criança e do Adolescente, em seu art. 19°, dispõe:

> Art. 19. É direito da criança e do adolescente ser criado e educado no seio de sua família e, excepcionalmente, em família substituta, assegurada a convivência familiar e comunitária, em ambiente que garanta seu desenvolvimento integral. (BRASILEIRO, 2018).

No que tange ao afeto, que permeia essa relação familiar, Madaleno leciona:

> Os filhos realmente são conquistados pelo coração, obra de uma relação de afeto construída a cada dia, em ambiente de sólida e transparente demonstração de amor a pessoa gerada por indiferente origem genética, pois importa ter vindo ao mundo para ser acolhida como filho de adoção por afeição. [...] Representa dividir conversas, repartir carinho, conquistas, esperanças e preocupações; mostrar caminhos, aprender, receber e fornecer informação [...]. (MADALENO, 2013).

O que não se pode admitir é o afastamento da possibilidade de responsabilização dos pais pelo abandono afetivo dos seus filhos, considerando que aquele que causa um dano a outrem tem o dever de repará-lo.

É claro que o dano moral é caracterizado pelo seu aspecto intrínseco e individual de cada indivíduo, sendo que aquilo que pode ser um dano para um pode não ser para outro, como acontece em qualquer modalidade de abalo moral, razão pela qual faz-se necessário a criação de mecanismos que possam apurar os pressupostos para a configuração de um dano moral, e até mesmo para se verificar o que acarreta, verdadeiramente, o dano moral, ou seja, o abalo à integridade psicológica do indivíduo.

O que não podemos admitir é, pelo fato de não sermos capazes de caracterizar o dano moral, deixarmos de aplicar a punição necessário ao seu causador, bem como dispensar a vítima a reparação efetiva ao dano sofrido.

São cada vez mais crescentes as implicações negativas, observadas na sociedade, decorrentes de famílias desestabilizadas e sem qualquer tipo de vínculo afetivo, que não conseguem fornecer aos seus membros, principalmente às crianças e aos adolescentes, os elementos indispensáveis à sua formação fundada no caráter e na ética, necessárias ao seu desenvolvimento como futuros cidadãos.

7

CONSIDERAÇÕES FINAIS

Os avanços jurídicos observados no Direito de Família, principalmente com o advento da Constituição federal de 1988, do divórcio e da crescente formação das relações familiares em modelos antes não visualizados pela sociedade, como nos casos das famílias monoparentais, afetivas, e aquelas formadas entre pessoas do mesmo sexo, fazem com o que o Estado tenha a necessidade de efetivar mecanismos capazes de assegurar, de forma efetiva, os direitos e garantias necessários ao bom funcionamento da entidade familiar.

A família, como instituição complexa que é, vem se desenvolvendo e passando por diversas situações novas, que ainda não estão previstas no ordenamento jurídico pátrio, como, por exemplo, até certo tempo, a discussão sobre a possibilidade, ou não, de caracterização da união estável entre pessoas do mesmo sexo.

A responsabilização dos pais em decorrência do dano ocasionado pelo abandono afetivo dos seus filhos desponta como uma nova temática a ser analisada e estudada pelos operadores do Direito.

A sociedade clama uma tutela efetiva dos seus direitos, com o objetivo de garantir e operacionalizar o bem-estar social, fim precípuo do Estado. A resolução dos conflitos envolvendo pais e filhos fortalece a família, garantindo que esta instituição possa, mesmo que de forma branda, transformar a sociedade, para melhor, com mais educação, solidariedade e respeito. Nesse sentido, o empenho dos pais pode ser considerado o início para essa mudança, na formação do caráter dos filhos, baseando-se esse emprenho no amor, respeito e cuidado.

Mais uma vez há de se ressaltar que, a responsabilização dos pais, em razão do abandono afetivo dos filhos, não objetiva satisfazer a vingança do filho abandonado, nem tampouco serve apenas para penalizar um indivíduo por não ser bom pai ou boa mãe, considerando que, para se chegar a essa conclusão, demanda-se muito mais do que a simples análise dos fatos e das relações familiares no caso concreto. Também não se pretende, com essa responsabilização, comprar o afeto do pai, porquanto não se discute que amor não se compra, e nem se obriga a amar. A responsabilização civil dos pais pelo abandono afetivo e o consequente dano ocasionado aos filhos, decorre da simples e clara previsão legal de que aquele que pratica ato ilícito, e em decorrência disso, ocasiona dano a outrem, está obrigado a reparar.

É claramente simplista o entendimento adotado de que "meros dissabores não são passíveis de indenização" sem, contudo, previamente estabelecer o que se entende ou não por mero dissabor, realizando uma análise sistemática de tal afirmação. Como mencionado no presente estudo, a moral diz respeito a uma situação interna do indivíduo, que diz respeito somente a ele, e que pode não ter correspondência com qualquer outra pessoa, demandando, por isso, uma análise que ultrapassa as circunstâncias de fato.

Não se pode aceitar a caracterização, por parte da doutrina e jurisprudência do dano moral decorrente de uma inscrição indevida nos cadastros de inadimplentes, e não aquele onde o filho pleiteia do seu pai ou de sua mãe a reparação pelo dano sofrido por não ter conseguido dos seus pais os elementos indispensáveis à sua formação, como cuidado, respeito e afeto, deveres esses expressamente previstos no ordenamento jurídico pátrio.

REFERÊNCIAS

ASSUMPÇÃO, Luiz Roberto de. **Aspectos da Paternidade no Novo Código Civil** – São Paulo: Saraiva, 2004, p.54/55.

BOFF. Leonardo. São José: **a personificação do pai.** Campinas: Véus, 2005. p. 195.

BRASIL. **Constituição da República Federativa.** Disponível em http://www.planalto.gov.br/ccivil_03/constituicao/constituicao.htm. Último acesso em 18/07/2018.

BRASILEIRO. **Código civil**. Disponível em http://www.planalto.gov.br/ccivil_03/leis/2002/l10406.htm. Acesso em 18 jul. 2018.

BRASILEIRO. **Estatuto da Criança e do Adolescente**. Disponível em http://www.planalto.gov.br/ccivil_03/leis/l8069.htm. Último acesso em 18 jul. 2018.

CAHALI, Yussef. **Dano Moral**, Editora Revista dos Tribunais, SP, 1998, 2ª edição, p. 17.

CANEZIN, Claudete Carvalho. **Da reparação do dano existencial ao filho decorrente**

CAVALIERI FILHO, Sérgio. **Programa de responsabilidade civil.** 9° edição. revisada. e ampliada. São Paulo: Atlas, 2010.

COSTA, Maria Isabel Pereira da. Família**: do Autoritarismo ao Afeto. Como e a quem indenizar a omissão do afeto,** página 35. Revista Brasileira de Direito de Família. Porto Alegre, 2005.

DIAS, Maria Berenice. **Manual de Direito das Famílias.** 5. ed. rev. atual. e ampl. São Paulo:

DIAS, Maria Berenice. **Manual de direito das famílias.** 4. ed. rev. atual. ampl. Porto Alegre: Livraria do Advogado, 2007.p. 378.

DINIZ, Maria Helena. **Curso de Direito Civil Brasileiro: Direito de Família.** 22. ed. rev. e atual. de acordo com a Reforma do Código de Processo Civil. São Paulo: Saraiva, 2007. v. 5, páginas 588/589 e 600/612.

DINIZ. Maria Helena. **Curso de Direito Civil Brasileiro** – Direito de Família, 26° edição. São Paulo. Saraiva. 2011.

FAMÍLIA. Revista Brasileira de Direito de. **Do abandono paterno-filial**, Porto Alegre, em: http://www.egov.ufsc.br/portal/sites/default/files/anexos/9365-9364-1-PB.pdf. Acesso em 03/04/2013.

Flávio Tartuce e José Fernando Simão, **Direito Civil - Série Concursos Públicos - Direito de Família**, 2° edição, São Paulo: Método, 2007, página 37/38.

GAGLIANO, Pablo Stolze. e FILHO, Rodolfo Pamplona., página 75/79; 95/96, Novo Curso de Direito Civil - Direito de Família. **A família em perspectiva constitucional**, volume 6, São Paulo: Saraiva, pg. 49 e 738/739.

GONÇALVES, Carlos Roberto. Direito Civil Brasileiro, volume 4: Responsabilidade Civil. 7° edição. São Paulo: Saraiva. 2012, pg. 399/405.

HIRONAKA, Giselda Maria Fernandes Novaes. **Os Contornos Jurídicos da Responsabilidade Afetiva na Relação entre Pais e Filhos - Além da Obrigação Legal de Caráter Material**. Artigo Jurídico disponível no site http://www.flaviotartuce.adv.br/secoes/artigosc/Giselda_resp2.doc. Acesso em 01 de maio de 2006

HIRONAKA, Giselda Maria Fernandes Novaes. **Sobre Peixes e Afetos**. http://www.flaviotartuce.adv.br/secoes/artigosc/Giselda_peixes.doc. Acesso em 01 de maio 2006.

HIRONAKA, Giselda Maria Fernandes Novaes. **Pressupostos, elementos e limites do dever de indenizar por abandono afetivo**. Disponível

JUSTIÇA. Superior Tribunal de. **Recurso Especial número 1635649 (São Paulo). Ministra Nancy Andrighi, Data do Julgamento: 27/02/2018.** Disponível em: http://www.stj.jus.br/SCON/jurisprudencia/. Acesso em 18/07/2018.

LÔBO, P. **Direito Civil: família**. 2. ed. São Paulo: Saraiva, 2009. p. 2.

LÔBO, Paulo Luiz Netto. **A repersonalização das relações de família**. Revista Brasileira de Direito de Família. Porto Alegre: Síntese, IBDFAM, v. 6, n. 24, p. 155, jun./jul. 2004.

LÔBO, Paulo Luiz Netto. **Direito ao estado de filiação e direito à origem genética: Uma distinção necessária**, in Revista de Direito de Família, n°19, 2003, Porto Alegre: Síntese, página 41.

LÔBO, Paulo Luiz Netto. **Princípio Jurídico da Afetividade na Filiação**. In PEREIRA, Rodrigo da Cunha (Coord.). A Família na Travessia do Milênio - Belo Horizonte: IBDFAM: OAB - MG: Del Rey, 2000. p.155/251.

LÔBO, Paulo Luiz Netto. **Princípio jurídico da afetividade na filiação**. Extraído de http://jus.com.br/revista/texto/527/principio-juridico-da-afetividade-na-filiacao. Acesso em 03/05/2013.

MADALENO, ROLF. **O custo do abandono afetivo**. Extraído de http://www.rolfmadaleno.com.br/sp/index.php?option=com_content&task=view&id=965&Itemid=39. Acesso em 28 de março de 2013.

MADALENO, Rolf. **Curso de Direito de família**. Rio de Janeiro: Forense, 2011. p. 671.

MADELENO, Rolf, **Direito de Família Constituição e Constatação**. Extraído de http://www.rolfmadaleno.com.br/sp/index.php?option=com_content&task=view&id=26&Itemid=39. Extraído de Rolf Madaleno, Cardoso e Veppo. Acesso em 27 de março de 2013.

MINAS GERAIS. Tribunal de Justiça de. **Apelação Cível número 1.0024.14.089293-6/001. Desembargador Relator Dárcio Lopardi Mendes. Data do Julgamento: 08/09/2016.** Disponível em http://www5.tjmg.jus.br/jurisprudencia/. Acesso em 18/07/2018."

MINAS GERAIS. Tribunal de Justiça de. **Apelação cível número 1.0024.05.572207-8/001. Desembargadora Maria Elza. Data do Julgamento 18/10/2007.** Disponível em http://www.tjmg.jus.br/portal/jurisprudencia/. Acesso em 20/05/2013.

MINAS GERAIS. Tribunal de Justiça de. **Apelação cível número 1.0024.14.162315-7/001. Desembargador Relator Pedro Bernardes. Data de Julgamento: 05/12/2017.** Disponível em http://www.tjmg.jus.br/portal/jurisprudencia/. Acesso em 18/07/2018.

MINAS GERAIS. Tribunal de Justiça de. **Apelação cível número 1.0611.14.001206-7/001. Desembargadora Relatora Áurea Brasil, Data de Julgamento: 15/02/2018.** Disponível em http://www.tjmg.jus.br/portal/jurisprudencia/. Acesso em 18/07/2018.

MINAS GERAIS. Tribunal de Justiça de. **Apelação Cível número 1.0024.12.112355-8/001. Desembargador Relator Dárcio Lopardi Mendes. Data do Julgamento: 31/03/2016.** Disponível em http://www5.tjmg.jus.br/jurisprudencia/. Acesso em 18/07/2018."

MORAES, Maria Celina Bodin. Deveres Parentais e Responsabilidade Civil. **Revista Brasileira de Direito de Família**. Porto Alegre, 2005.

NADER, Paulo. Curso de Direito Civil. Vol. 5 - **Direito de Família**. Rio de Janeiro: Editora Forense, 2006.

NERY JUNIOR, Nelson; NERY, Rosa Maria de Andrade. **Constituição Federal Comentada e Legislação Constitucional**. São Paulo/SP: Revista dos Tribunais, 2006.

PEREIRA, Caio Mário da Silva. **Direito Civil: alguns aspectos de sua evolução**, Rio de Janeiro, Forense: 2001, pg. 170.

PEREIRA, Caio Mário da Silva. **Instituições de Direito Civil – Direito de família**, Rio de Janeiro, Forense: 2010, página 19/50.

PEREIRA, Cáio Mário da Silva. Instituições de Direito Cívil, volume V, 11° edição. Rio de janeiro: Forense, pág. 245/247

PEREIRA, Caio Mário da Silva. **Instituições de Direito Civil**. Vol. V - Direito de Família. 18. ed. Rio de Janeiro: Editora Forense, 2010.

PEREIRA, Rodrigo da Cunha, **Direito de Família: uma abordagem psicanalítica**, São Paulo. Editora: Forense, p. 24.

PEREIRA, Rodrigo da Cunha. **Direito de Família: uma abordagem psicanalítica**. Belo Horizonte: Del Rey, 2003.

PEREIRA, Rodrigo da Cunha. Disponível em http://www.scielo.br/pdf/se/v21n3/a06v21n3.pdf. Acesso em 04/05/2013.

PEREIRA. Rodrigo da Cunha, **Princípios Fundamentais e Norteadores Para a Organização Jurídica da Família**, 90/91, Universidade Federal Do Paraná - UFPR. CURITIBA. 2004.

RODRIGUES, Silvio. Direito Civil, 1998, pág. 347. in REIS, Luis Eduardo Bittencourt. **A Guarda dos Filhos**. Disponível em http://www.pailegal.net/textoimprime.asp?rvTextoId=1081864118, acesso em 26 de março de 2007.

RODRIGUES, Sílvio. **Direito Civil**, volume IV, Editora Saraiva, 19° edição, São Paulo. 2002.

ROSA, Conrado Paulino; CARVALHO, Dimas Messias de; FREITAS, Douglas Phillips. **Dano Moral e Direito das Famílias**, página 185. Voxlagem, Florianópolis, 2012.

RT, 2009.

SARLET, Ingo Wolfgang. **Dignidade da pessoa humana e direitos fundamentais**. Porto Alegre: Livraria do Advogado, 2001, p. 60.

SILVA, De Plácido e. **Vocabulário jurídico conciso**. 1 ed. Rio de Janeiro. Forense, 2008.

SILVA. Priscilla Menezes da. **A Amplitude Da Responsabilidade Familiar: Da Indenização por Abandono Afetivo por Consequência da Violação do Dever de Convivência**. Disponível em: http://www.mp.to.gov.br/static/caops/mulher/files/files/a-amplitude-da-responsabilidade-familiar-da-indenizacao-por-abandono-afetivo-por-consequencia-da-violacao-do-dever-de-convivenc.pdf. Acesso em 03/04/2013.

SKAF, Samira. Possibilidade legal de concessão de dano moral aos filhos abandonados afetivamente pelos pais, frente ao cometimento de ato ilícito. **Revista Brasileira de Direito de Família.** Belo Horizonte, 2007.

SOUSA, Hiasminni Albuquerque Alves. **Abandono afetivo: Responsabilidade civil pelo desamor**. http://www.ibdfam.org.br/artigos/detalhe/863. Acesso em 04/05/2013.

v.8, n.36, p.71-87, jun./jul. 2006.

VENOSA, Sílvio de Salvo. Direito Civil: **Responsabilidade Civil**. Vol.4. 3°ed. São Paulo: Atlas S.A., 2003.